Este Cuaderno Pertenece a

Libro para colorear en Halloween para niños

Libro para colorear en Halloween para niños

Libro para colorear en Halloween para niños

Libro para colorear en Halloween para niños

RIP

Libro para colorear en Halloween para niños

Libro para colorear en Halloween para niños

Libro para colorear en Halloween para niños

Libro para colorear en Halloween para niños

Libro para colorear en Halloween para niños

Libro para colorear en Halloween para niños

Libro para colorear en Halloween para niños

Libro para colorear en Halloween para niños

Libro para colorear en Halloween para niños

Libro para colorear en Halloween para niños

Libro para colorear en Halloween para niños

Libro para colorear en Halloween para niños

Libro para colorear en Halloween para niños

Libro para colorear en Halloween para niños

Libro para colorear en Halloween para niños

Libro para colorear en Halloween para niños

Libro para colorear en Halloween para niños

Libro para colorear en Halloween para niños

Libro para colorear en Halloween para niños

Libro para colorear en Halloween para niños

Libro para colorear en Halloween para niños

Libro para colorear en Halloween para niños

Libro para colorear en Halloween para niños

RIP

Libro para colorear en Halloween para niños

Libro para colorear en Halloween para niños

Libro para colorear en Halloween para niños

Libro para colorear en Halloween para niños

Libro para colorear en Halloween para niños

RIP

Libro para colorear en Halloween para niños

Libro para colorear en Halloween para niños

RIP

Libro para colorear en Halloween para niños

Libro para colorear en Halloween para niños

Libro para colorear en Halloween para niños

Libro para colorear en Halloween para niños

RIP

Libro para colorear en Halloween para niños

Libro para colorear en Halloween para niños

Libro para colorear en Halloween para niños

Libro para colorear en Halloween para niños

Libro para colorear en Halloween para niños

RIP

Libro para colorear en Halloween para niños

Libro para colorear en Halloween para niños

Libro para colorear en Halloween para niños

Libro para colorear en Halloween para niños

Libro para colorear en Halloween para niños

Libro para colorear en Halloween para niños

Libro para colorear en Halloween para niños

Libro para colorear en Halloween para niños

Libro para colorear en Halloween para niños

RIP

Libro para colorear en Halloween para niños

Libro para colorear en Halloween para niños

Libro para colorear en Halloween para niños

Libro para colorear en Halloween para niños

Libro para colorear en Halloween para niños

RIP

Libro para colorear en Halloween para niños

Libro para colorear en Halloween para niños

Libro para colorear en Halloween para niños

Libro para colorear en Halloween para ni os

Libro para colorear en Halloween para ni os

Libro para colorear en Halloween para ni os

Libro para colorear en Halloween para ni os

Libro para colorear en Halloween para ni os

Libro para colorear en Halloween para ni os

Libro para colorear en Halloween para niños

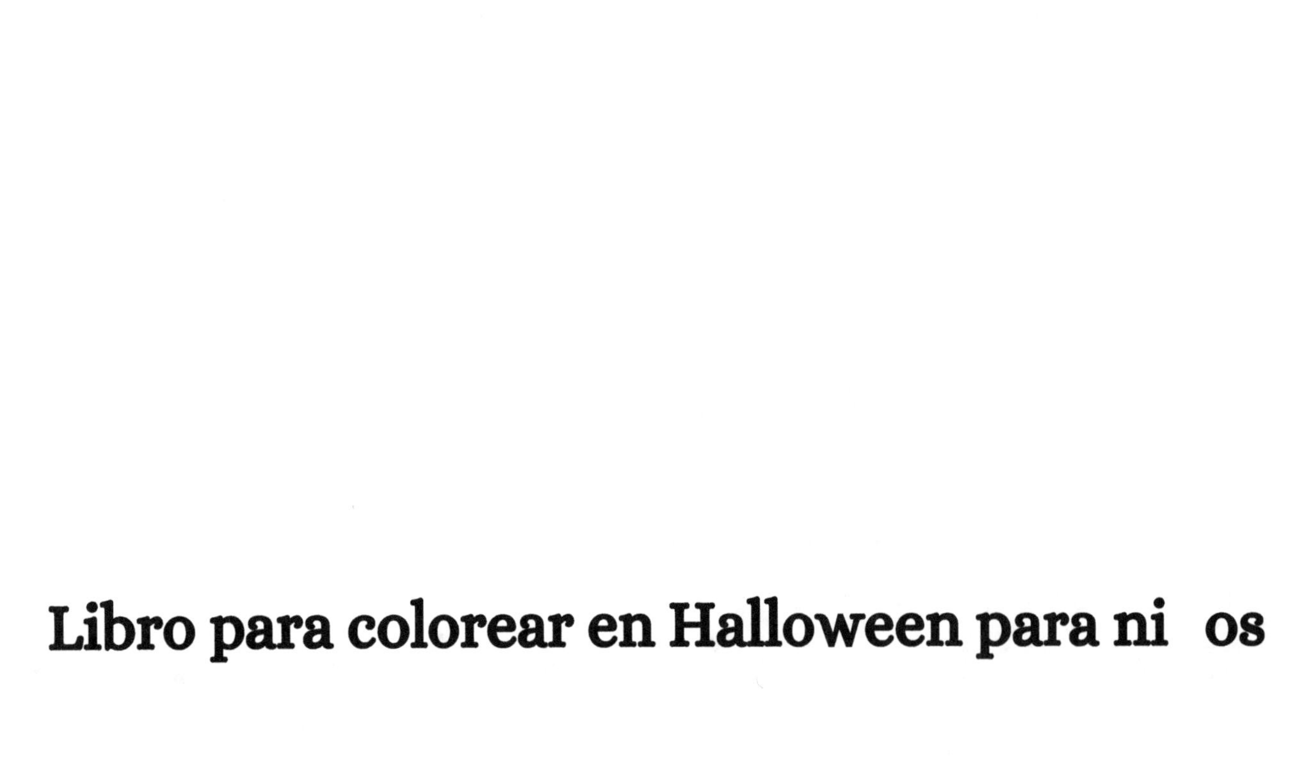

Libro para colorear en Halloween para ni   os

TRICK
or
TREAT
WINKY

Libro para colorear en Halloween para ni os

HALLOWEEN

Libro para colorear en Halloween para ni   os

Libro para colorear en Halloween para ni os

www.ingramcontent.com/pod-product-compliance
Lightning Source LLC
Chambersburg PA
CBHW080833160726
47999CB00009B/2877